AF363803

DISCOURS

PRONONCÉS LE 24 NOVEMBRE 1890

AU BANQUET OFFERT PAR LA COMPAGNIE DES AVOUÉS

PRÈS LE TRIBUNAL DE PREMIÈRE INSTANCE

DE ROUEN

A M. F. GOUGEON

President du Tribunal civil

NOMMÉ PREMIER PRÉSIDENT DE LA COUR D'APPEL

DE BESANÇON

DISCOURS

PRONONCÉS LE 24 NOVEMBRE 1890

AU BANQUET OFFERT PAR LA COMPAGNIE DES AVOUÉS

PRÈS LE TRIBUNAL DE PREMIÈRE INSTANCE

DE ROUEN

A M. F. GOUGEON

Président du Tribunal civil

NOMMÉ PREMIER PRÉSIDENT DE LA COUR D'APPEL

DE BESANÇON

DISCOURS DE M. TH. LAURENT

Président de la Chambre des Avoués

MONSIEUR LE PRÉSIDENT,

ORSQUE du Parquet d'Aubusson vous êtes venu au Parquet de Rouen, une sympathie naissante s'est attachée à votre personne, car nous savions tous au Palais que, fils d'un haut magistrat, magistrat vous-même dans cette ville de Metz à jamais regrettée, il ne vous était plus permis de retourner au berceau de votre enfance.

Vous n'alliez pas tarder à révéler les qualités brillantes qui devaient vous faire gravir dans ce même palais de Louis XII, les divers degrés de la magistrature, que déjà vous aviez conquis le droit de cité parmi nous, en qualité d'exilé de votre chère province de Lorraine.

Bientôt donc comme Juge, comme Vice-Président et Conseiller, et enfin depuis sept ans comme Président du Tribunal, vous avez su grouper autour de vous une famille nouvelle composée d'amis dévoués et choisis qu'entoure aujourd'hui une auréole de sympathies innombrables.

On pourra, Monsieur le Président, vous décerner des éloges mérités pour la façon dont vous avez jusqu'alors parcouru votre carrière ; mais on n'en fera pas de plus simple et de plus touchant, je pense, que celui-ci :

Il a su se faire aimer.

Oui, Monsieur le Président, la manifestation à laquelle j'ai aujourd'hui l'honneur de présider vous prouve combien notre affection est réelle et sincère, tous ayant tenu à vous apporter ces témoignages mérités de sympathie et de respect.

Vous avez bien voulu nous dire que pendant toute la durée de vos fonctions au Tribunal de Rouen vous n'aviez jamais eu qu'à vous louer de notre Compagnie, que pas un de ses membres ne vous avait donné le moindre sujet de reproches.

C'est qu'en effet, Monsieur le Président, les fortes traditions de notre corporation garantissent la correction absolue des errements de chacun de nous.

Dans le passé nous entrevoyons encore la physionomie de

M. le Président Vanier, nous faisant ses adieux dans cette même salle.

Nous avions alors mérité l'honneur que vous voulez bien nous renouveler aujourd'hui en acceptant de venir au milieu de nous, au milieu de cette famille qui est et restera la vôtre.

Ce n'est pas adieu que nous vous disons aujourd'hui, Monsieur le Président, c'est au revoir, car nous savons qu'après la ville de Metz, c'est la ville de Rouen que vous aimez le mieux.

C'est dans cette ville que vous avez légitimement conquis le plus grand nombre d'affections et de sympathies.

Vous irez donc à Besançon, Monsieur le Président, avec ce beau cortége d'amitiés qui trouvera un tel écho là-bas qu'il nous en reviendra de suite comme un bruit lointain auquel nous prêterons une oreille attentive.

Ce pays presque voisin de la frontière, puisque votre juridiction s'étend sur le territoire de Belfort, terre d'Alsace, nous sera donc doublement cher;

Animé du plus pur patriotisme vous allez y conquérir de nouvelles amitiés, mais vous ne nous oublierez pas, j'en suis certain.

C'est très simplement que je me suis permis de vous dire ce que nous pensons tous.

Permettez-moi donc de vous remercier des bons et excellents rapports que nous avons eus avec vous depuis de longues années.

Nos vœux les plus sincères vont vous accompagner dans votre nouveau ressort.

Il en est un que nous formulons hautement, c'est qu'il vous soit donné de revenir parmi nous.

Soyez enfin notre interprète auprès de Mme Gougeon en l'assurant de notre profond respect.

Permettez-nous aussi de remercier bien vivement M. le Procureur de la République, MM. les Présidents Lecaisne et Lamer, M. le Bâtonnier et M. le Greffier en chef d'avoir bien voulu honorer notre réunion de leur présence.

MESSIEURS,

Je lève mon verre en l'honneur de M. le Premier Président Gougeon; je bois à sa santé, je bois à l'espoir de le revoir un jour dans notre vieille cité normande, devenue sa patrie d'adoption.

DISCOURS DE M. F. GOUGEON

Premier Président de la Cour d'Appel de Besançon

A tous les procédés excellents dont votre Compagnie m'a comblés, vous venez d'ajouter, mon cher Président, d'affectueux adieux où vous avez mis tout votre cœur.

Merci pour moi :

Merci aussi pour celle que vous venez de m'associer dans l'expression de votre sympathie et à laquelle, Messieurs, vous avez causé tout à l'heure, par la plus délicate des attentions, la plus douce des émotions.

L'écho de vos adieux; mon cher Président, me suivra sur cette terre de Franche-Comté où je vais en inconnu.

Il sonnera souvent à mes oreilles attentives comme une douce ressouvenance de cette belle et hospitalière Normandie qui fut et restera une seconde patrie et dont je ne m'éloignerai bientôt que lentement et en regardant longtemps, bien longtemps derrière moi.

Quant à vous, Messieurs, je suis bien touché, croyez-le, du témoignage d'affectueuse estime que vous donnez aujourd'hui à celui qui, dans quelques jours, aura cessé d'être votre Président.

Je suis plus touché encore, vous me le pardonnerez, de voir autour de cette table trois des anciens de votre corporation, trois vieux amis, qui sont venus m'apporter comme un autre souvenir de mes premiers pas dans ce Palais admirable où, pendant dix-huit ans, j'ai été si fier de participer à l'administration de la justice.

Ces dix-huit années de ma vie, qui se sont écoulées au milieu de vous, je les compte parmi les meilleures.

Je ne saurais assez répéter toutes les satisfactions que vous m'avez données pendant cette longue période de temps.

De mon côté, j'ai cherché à alléger de mon mieux, les fardeaux de vos obligations professionnelles; vous m'en avez récompensé en m'accordant à usure votre déférente affection.

On le dit vulgairement : « Toute médaille à son revers ».

Le revers de la mienne est fait du regret que me cause la

nécessité de me séparer de fonctions qui me plaisaient, et d'auxiliaires que j'aimais, je parle de vous, Messieurs.

Mais les desseins de la Providence sont impénétrables.

Nous ignorons ce qu'elle nous réserve aux uns et aux autres.

Si cependant, suivant le vœu qu'exprimait tout à l'heure votre honorable Président, il m'était donné de vivre à nouveau, sinon au milieu de vous, tout au moins assez près de vous, j'éprouverais un sentiment de satisfaction qu'aucune épithète n'est assez riche pour qualifier.

Merci encore, Messieurs, des sentiments que vous me témoignez, je vous demande de me les conserver.

Je bois à votre Compagnie,

Je bois à sa prospérité,

Je bois au président Laurent.

DISCOURS DE M. HENRI FRÈRE

Bâtonnier de l'ordre des Avocats près la Cour d'Appel de Rouen

ON cher Laurent, voulez-vous me permettre
De réunir, dans des remerciements
Abrégés par la mesure et le mètre,
De ce banquet les deux chers Présidents :
Vous qui, si bien, représentez nos hôtes,
Et celui que nous ravit Besançon.
Le Bâtonnier ferait deux grosses fautes
S'il oubliait le maître de maison,
Et s'il n'osait tendre sa main amie
Au Magistrat qui nous tend les deux mains.
Ce n'est pas que, dans ce banquet, j'oublie,
Ni que je sois prêt à rire aux destins.

Oui, nous aimons, dans la salle parée,
A vous tenir si près de nous présent;
Mais qu'elle est courte, hélas ! cette soirée !
Adieu, Monsieur le Premier Président!
Puisqu'il le faut, à nos heureux confrères
Portez là-bas vos mérites, vos dons,
Votre valeur, votre esprit, vos lumières ;
Peut-être un jour nous nous résignerons.
Mais à Rouen laissez-nous quelque chose,
Le doux serment d'y revenir un jour.
Pour vous déjà je prépare ma cause.
Et, vous savez, le délai sera court :
Aux jeunes gens les lointaines promesses
Peuvent se faire en les voulant tenir ;
Pour les amis des prochaines vieillesses,
Il vaudrait presque mieux ne pas partir.

DISCOURS DE M. DEMARTIAL

Procureur de la République près le Tribunal civil de Rouen

E ne m'attendais pas, mon cher Président, à vous adresser, ce soir, un compliment. Je réservais ce plaisir pour le jour prochain où le Tribunal, à son tour, fêtera votre nomination. Mais, à l'heure actuelle, je désire que ce Tribunal, auquel vous avez appartenu si longtemps et que vous avez, pendant sept ans, présidé avec une si grande autorité, joigne ses félicitations à celles du Barreau, et, prenant la parole au nom de tous nos collègues, je veux vous dire la joie que nous cause votre élévation à une première présidence. Ai-je besoin de proclamer ici, au milieu de ceux qui vous ont vu à l'œuvre, qui connaissent votre intelligence, votre savoir, vos travaux incessants, votre opiniâtre volonté, votre amour de la justice, votre caractère, combien vous avez mérité cette flatteuse distinction. La manifestation si rare dont vous êtes aujourd'hui l'objet n'est-elle pas faite pour donner, s'il en était besoin, au choix de la chancellerie, une éclatante consécration ? Mais j'ajoute, et cette réflexion ne vous déplaira certes pas, que vous avez été heureux en même temps que très méritant. Vos services, connus et appréciés comme ils devaient l'être, n'ont jamais été oubliés. Tous les trois ans, en moyenne, vous avez été l'objet d'une promotion nouvelle. En 1883, pour ne parler que des dernières, après avoir passé quelques mois à la Cour, vous êtes devenu Président du Tribunal. En 1886 vous avez été décoré, et j'eus le plaisir alors, au lendemain de mon arrivée, dans une fête analogue à celle de ce soir, de vous adresser les félicitations du Tribunal.

Aujourd'hui vous êtes au sommet de notre hiérarchie, et ce haut grade qui vous est conféré vous l'avez noblement conquis.

Vous êtes plus heureux encore que vous ne le pensez, car vous allez dans ce beau pays de Franche-Comté que j'ai tant regretté. Vous allez présider cette savante Cour de Besançon à laquelle j'ai appartenu dix-huit mois et à laquelle je ne puis penser sans émotion. J'arrivais dans des circonstances douloureuses et elle m'accueillit de la façon la plus charmante. Bientôt on m'appela (il y a longtemps de cela et j'ai tellement blanchi que mes anciens collègues auraient peine à me reconnaître) l'enfant gâté de la Cour. Ah! les braves gens que les Francs-Comtois, comme ils méritent bien leur nom commun! Ils sont loyaux et bons, et comme on a raison de dire qu'ils ne savent plus se reprendre quand ils se sont donnés. Mais vous ne trouverez pas seulement dans leurs relations les satisfactions les plus vives : vous qui aimez le droit, vous trouverez des jurisconsultes éminents dans la patrie de Proudhon. Vous qui êtes un lettré, vous trouverez des écrivains, des orateurs, une Académie, une Faculté de lettres dans la ville qui a vu naître Victor Hugo et Charles Nodier. Enfin, vous trouverez dans ces magnifiques contrées du Doubs et du Jura, que certes vous aimerez à visiter, une population honnête et travailleuse, animée du plus pur patriotisme, sentant qu'elle est à la frontière et qu'elle a la garde de la patrie. Aussi vous prendrez-vous bien vite à aimer ce beau pays qui va promptement vous accorder droit de cité. Mais vous n'oublierez pas les dix-huit années passées à Rouen; vous penserez toujours aux amis que vous laissez, et comme je vous sais incapable d'ingratitude, vous ne les oublierez jamais.

En vous remerciant de tout cœur, Messieurs, d'avoir bien voulu me convier à ce banquet, qui est véritablement une fête de famille, je vous invite à boire encore une fois à la santé de M. le Premier Président Gougeon.

Étaient présents :

MM. le Premier Président GOUGEON, ✳, ❦ A.
DEMARTIAL, Procureur de la République, ✳.
LECAISNE, Vice-Président du Tribunal, ❦ A.
LAMER, Vice-Président du Tribunal.
Henri FRÈRE, Bâtonnier de l'Ordre des Avocats.
Paul PRIER, Greffier en chef.
RENARD, Avocat.

MM. Nion, ✳,
Cullembourg,   } Avoués honoraires.
Malandain.

La Compagnie entière des Avoués près le Tribunal civil :

MM. Th. Laurent, ❦ A, Président.
Decorde, Syndic, ancien Président.
Hardel, Rapporteur.
Bourgery, Secrétaire-Trésorier.
Dedessuslamare, Doyen, ancien Président.

MM. Dubois, Boullié, Legrix, Sibert, Nigaise, Thérou,
Talbot, Carbonnier, Malandain, Motte, Ala-
boissette, Macqueron, Petit, Lemasson.

/ 2 /

IMPRIMÉ
PAR
ESP. CAGNIARD
—
1891